Die Glücksfresser

und das Feng Shui der Steine

Shakti Morgane

Die Glücksfresser
und das Feng Shui der Steine

Die Glücksfresser
und das Feng Shui der Steine

4

ISBN 9783839103395

© 2016 Christiane Hausmann
Herstellung und Verlag: B o D – Books on Demand,
Norderstedt
www.booklands.de

Inhaltsverzeichnis

Einleitung   6
Frau sein in der Konsumgesellschaft   10
Sündenbocksuche   16
Selbstliebe, Körperbewusstsein und Meditation
                                                                   22
Desorientierung   29
Stärkung der inneren Kraft   33
Das Feng Shui der Kristalle   37
Das Herz auf der Waage der Maat   51
Steine von A – Z   57
Literatur   68

Einleitung

Es liegt in der weiblichen Natur, sich mit den Elementen und Schwingungen in der Welt und in sich selbst zu verbinden, um neues Leben hervorzubringen, zu schützen, zu nähren und zu erhalten. Diese Fähigkeit wurde Frauen zunehmend zum Verhängnis, als sie nicht mehr zum unmittelbaren Überleben gebraucht wurde. Die besondere Fähigkeit des Weiblichen, mit der Natur zu kommunizieren und mittels psychischer Kraft Verän-derungen herbei zu führen, wurde im Laufe der Geschichte als überlebenswichtig vergessen und, auch von den Frauen selbst immer weniger verstanden. Besonders in Europa wurden die einst geschätzten weiblichen Fähigkeiten, mit der Natur zu kommunizieren, zunehmend dämonisiert und als 'mit dem Teufel im Bunde' verunglimpft und zum Vorwand benutzt, Millionen insbesondere weibliche Wesen mittels der Inquisition zum Sündenbock zu machen und auszurotten. (Siehe auch Silvia Federici, Hexenjagd) Dann, vor etwa 350 Jahren, noch zur Zeit der Inquisition, kam von Spinoza der bahnbrechende Gedanke, der das Zeitalter der Aufklärung einläuten sollte, dass die Welt nicht von einem abstrakten Gott erschaffen wurde, dem man Gehorsam schulde, sondern, dass die Natur sich selbst erschaffen habe und dass Vernunft der Leitgedanke des Lebens sein solle, da der Mensch selbst die Quelle von Gut und Böse sei. Nun erst, mit der Aufklärung, fand dieses ca. 500 Jahre andauernde Morden in Europa ein Ende. Das ist gerade einmal 200 Jahre her!

Seither und mit entfesselter Vernunft, fand eine rasante technische Entwicklung statt. Und dank der Tatsache, dass sich, zusammen mit dem technischen Fortschritt, eine aufgeklärte Wissenskultur etabliert hat, ist man wieder in der Lage, die menschliche Natur zu entmystifizieren und sowohl religiösen als auch ideologischen Wahn in seine Schranken zu verweisen.

In Überlieferung, Literatur und Kunst finden sich Zeugnisse vom zum Teil erfolgreichen Umgang mit diversen psychischen Zuständen, in die der Mensch geraten kann, wenn es darum geht, 'böse' Ereignisse abzuwehren, um sein Leben zu gestalten.

Jedoch kennzeichnet den heutigen Menschen im Allgemeinen mangelnde Seelenstärke angesichts von Widrigkeiten im Leben, sodass bereits Anfang letzten Jahrhunderts eine 'merkwürdige Sehnsucht' um sich griff, von der Meyrink wie folgt berichtet: "Es wäre ein großer Irrtum, anzunehmen, die heutige Bewegung des Okkultismus sei lediglich eine Modeströmung, etwa wie der 'Bubikopf', nein: ein sehr breiter Strom ist die seltsame Sehnsucht geworden, die heute viele Millionen von Menschen ergriffen hat; eine Sehnsucht freilich, die mit dem Bibelwort 'Mein Reich ist nicht von dieser Welt' (Johannesevangelium 18,36) nichts zu tun hat, richtet sie sich doch darauf, mit den Toten zu verkehren, magische Kräfte zu erwerben, hellsehend zu werden, um zu erfahren, was bisher hinter Schleiern von Geheimnissen lag, die Schrecken des Leidens auf Erden und den Tod zu überwinden, kurz: das Reich der Fülle sich zu eigen zu machen."

Es ist die Sehnsucht nach den abhanden gekommenen Fähigkeiten mit der Natur zu kommunizieren, für die Frauen, lange vor unserer Zeit, einstmals verehrt wurden. Eine Fähigkeit, die große seelische Kraft voraussetzt und Körper und Geist mit einbezieht. Der grobstoffliche Körper als Tempel des eigenen Geistes muss zum Zweck der Schaffung des feinstofflichen Körpers sorgfältig geschult werden.

Schulung von Körper und Geist bieten alle meditativen orientalisch-asiatischen Sportarten wie Yoga, TaiChi, QiGong, Bauchtanz.

Wenn man dann bereit und in der Lage ist, den feinstofflichen Körper zwecks Verwirklichung eigener Ziele einzusetzen, bieten Kristalle psychischen Schutz in Krisensituationen. Denn Krisensituationen bestimmen auch in der Postmoderne weiterhin unser Leben.

Frau sein in der Konsumgesellschaft

Menschliche Daseinserfahrung in der Postmoderne ist gekennzeichnet durch ein Denken in Kategorien wirtschaftlich-technischer Rationalität, durch eine Überflutung mit Informationsfragmenten und dadurch Lenkung des verunsicherten Individuums der Massen-gesellschaft, das in Scheinrealitäten lebt und arbeitet, im fremden Interesse. Die Wirklichkeit ist selbst Teil der Simulation geworden. Wir leben in 'Realitäts-Tunneln' (Wilson) und können kaum noch unterscheiden, was wichtig und unwichtig, richtig und falsch, gut und böse für uns ist. Alles erscheint uns wichtig und unwichtig, alles richtig und falsch, gut und böse.

Orientierungslosigkeit und zunehmende Willkür bewirken, dass Menschlichkeit und Leben ebenso wie die gesamte Natur weiter zerstört werden. Diese Gesellschaft mit ihrer Jagd nach Geld geniert sich nicht, Frauen allein die Sorge um die nächste Generation zuzumuten, wodurch Frauen entweder der Kinder wegen gezwungen werden, bei einem ungeliebten Mann zu bleiben oder andernfalls gezwungen werden, um der Karriere willen auf Kinder zu verzichten. Beides ist gleichbedeutend mit dem Verzicht auf einen Großteil ihrer Sexualität und das heißt: ihrer Gesundheit! Am glücklichsten glauben sich dann nur noch die Frauen, die es schaffen, Kinder und Karriere 'unter einen Hut' zu bringen, was in der Regel ziemlich selten gelingt, weil die entsprechende gesellschaftliche Infrastruktur sowie Arbeitszeitverkürzung für alle die Grundvoraussetzung dafür wäre. Den meisten Frauen bleibt daher das 'behinderte' Leben. Frauen müssen dem etwas entgegen setzen, um sich weiterentwickeln zu können: das Recht aller Menschen auf freie Entfaltung – ein Lebensgesetz – auch für sich in Anspruch nehmen zu können.

Als Reaktion auf zunehmende Orientierungslosigkeit ist die Flucht in kleinbürgerliche Werte zu beobachten, eine Massenhysterie des Haben-müssens, um die **innere Leere** nicht spüren zu müssen. Dass das uns nützt, bezweifle ich. Fest steht, schon wenn wir unsere Gesundheit nicht weiter einschränken lassen wollen, ist eine neue Ethik vonnöten, da die Ethik der wirtschaftlich-technischen Rationalität im Konkurrenzsystem der 'industriellen Einheitszivilisation' (Golowin), bekannt in ihrer historischen Ausprägung als Kapitalismus und Sozialismus, wenn sie sich totalitär gebärdet, letztlich zum Genozid ('ethnische Säuberung') führt. Das bedeutet auf die Dauer: den Untergang jeglicher Zivilisation. Eine neue **Ethik des Lebens** muss eben genau darauf basieren, woran es heute weitestgehend mangelt: auf der Wertschätzung des Lebens, der Natur und der Menschlichkeit.

Wechselseitige Abhängigkeiten in der Gesellschaft sind unser Schicksal, aber auch unsere Chance. Deshalb sind wir unserem Schicksal keineswegs hilflos ausgeliefert. Dieser Zusammenhang wird häufig genug vergessen. So kann man sich beispielsweise in einer Demokratie in Interessengemeinschaften zusammenfinden, um Ziele zu verwirklichen.

Oft genügt es aber vollkommen, die zugewiesene Rolle, sofern sie einem nicht mehr passt, zu verweigern – ganz einfach! Einfach? Genau hier stößt die einzelne Frau meist an die Grenzen ihrer persönlichen Möglichkeiten. Dennoch ist es unsere Lebensaufgabe an sich, unsere Grenzen zu überwinden, und uns nach allen Richtungen hin zu entfalten. Unser ganzer Lebenssinn seit Anbeginn der Menschheit besteht darin, die Grenzen persönlichen Wachstums zu überschreiten und uns weiter zu entwickeln, ein Auftrag der Evolution, sozusagen ein Naturgesetz. Andernfalls beschädigen wir uns selbst und es erwartet uns das gleiche Schicksal wie einstmals die Dinosaurier, wir sterben aus.

Als Pädagogin und Tänzerin interessierten mich vor allem die Möglichkeiten der Persönlichkeitsentwicklung und so habe ich diesbezüglich verschiedene Techniken der Körperarbeit untersucht, u. a. den Orientalischen Tanz. Beim Orientalischen Tanz finden Frauen insbesondere das, was die Stärke *weiblicher* Schöpfungskraft freisetzen kann – eine Art Selbstfindung mit Verjüngungseffekt: Das vorübergehende Verweilen im Zustand der 'Vereinigung mit sich selbst' und als Ergebnis davon das wiedergefundene Körpergefühl einer Achtzehnjährigen. Für mich (inzwischen 40 jährig) war nach ekstatischer Bauchtanzmeditation die Bürde der Jahre tagelang wie vom Erdboden verschluckt, zerstört war eine kleine Weile alles, was den Organismus belastete. Ein Erlebnis, das etwas Unglaubliches bewirkte: Die Möglichkeit der Verjüngung, der Erneuerung der Lebenskraft und somit des Körpers, rückte in das Bewusstsein.

Um jedoch dieses individuell-schöpferische Element von Sinnlichkeit durch Bauchtanz freisetzen und darüber hinaus für die Befreiung von persönlichen Ängsten und den Spuren, die diese am eigenen Körper hinterlassen, nutzbar machen zu können, musste offenbar etwas Wesentliches dazukommen, denn es begegneten mir auch viele Bauchtänzerinnen ohne Esprit. Die Schlussfolgerung besteht darin, dass die Qualitäten einer in sich ruhenden Frau, die zudem über ein ausgeprägtes Charisma verfügt, nur entstehen, wenn sie die Bedingungen ihrer Existenz bewusst mitbestimmt.

Um die Stärke der Sinnlichkeit für die Befreiung aus einengenden Rollenvorschriften nutzen zu können, muss unsere Einstellung zu unserem Dasein mitreflektiert und der Orientalische Tanz in einer bestimmten Weise getanzt werden – nämlich für sich selbst, zum Zwecke der **Regeneration**.

Die Erfahrung lehrt uns: Bauchtanz und 'Sinnlichkeit' lassen sich nicht voneinander trennen. Es gibt kein Fortschreiten im Bauchtanz ohne ein Fortschreiten in der Haltung dem eigenen Körper, der eigenen 'Leibhaftigkeit des Daseins' gegenüber, dem eigenen 'weiblich sein'.[1]

---

1 Vgl. Karkutli, 1989, S. 40

Sündenbocksuche

Die uns allgemein prägende wirtschaftlich-technische Rationalität lässt aber die Körper verschwinden: Lust verschwindet letztendlich. Maßnahmen einer repressiven Umgebung beschädigen noch zusätzlich die Ausstrahlung. Der Körper wird zum 'Subjekt/Objekt der Arbeit im wirtschaftlich-technischen Apparat' (Dutschke). Dort, wo außerdem noch kleinbürgerliche Werte vorherrschen ('Nichts ist erotischer als Erfolg', hieß es z.B. anno 1992 in der Fernseh-Werbung für eine Männerparfüm), bedeutet dies gerade für Frauen, dass diese verstärkt auf Rollen festgelegt werden, denen die doppelte Moral ebenso anhaftet wie sie psychosomatische Krankheiten entstehen lassen. Und gerade der Anstieg von Krankheiten ist es denn auch, der beobachtet wird und zur Beunruhigung Anlass gibt.

Damit steigt aber gleichzeitig auch die Frage nach Persönlichkeitsentwicklung höher im Wert, denn Seuchen, Kriege, Hunger und ähnliche Katastrophen werden von jenen Menschen verursacht, deren Moral und Ethik sich in der Unfähigkeit äußert, die Verantwortung für das eigene Handeln zu erkennen, zu übernehmen und / oder, wo der verdrängte Trieb sich unbewusst Bahn bricht und auslebt: an Sündenböcken der Gesellschaft (z.b. Fremdenhass) oder an Schwächeren (z. B. Kindesmisshandlung). Kurz gesagt, Katastrophen werden von jenen Menschen verursacht, die über keine ausgereifte Persönlichkeit verfügen. Dass wir das mehr oder weniger alle sind, liegt an der Trennung von Körper und Geist im Zivilisationsweltbild unserer wirtschaftlich-technischen Rationalität innerhalb des Konkurrenzsystems, z.b. durch die ausschließlich kognitive Bildung. Diese Trennung führt zur Kindestötung durch den Wahnsinn des privaten Autoverkehrs ebenso wie durch Eltern, die ihr Herz nicht kennen. Aus den immer wieder auftretenden Gewalteskalationen entnehmen wir: Eine Triebstruktur, die für Kriege prädestiniert, ist weiter vorhanden, trotz der inzwischen stattgefunden 'sexuellen Befreiung' von der 'Ausschließlichkeitsforderung' (Plack), die noch die 50er-Jahre-Ehen mit dem Vorherrschen kleinbürgerlicher Werte kennzeichnete.

Dennoch hat die Familienverweigerung der 68er-Generation, die sich von den autoritären Verhaltensweisen der 50er-Jahre-Ehen-Generation befreien wollte, Erfahrungen hinterlassen, die noch aufgearbeitet werden müssen. Eine dieser Erfahrungen ist offenbar die, dass auch die sogenannte 'sexuelle Befreiung' unbefriedigte Bedürfnisse hinterlässt. Der Grund für die immer wieder, mal mehr und mal weniger, unbefriedigt gebliebenen Bedürfnisse, liegt dann auch letzten Endes darin, dass Sexualität und Wirtschaft stets miteinander verknüpft geblieben sind.

Allgemeine Promiskuität ist heute die adäquate Ausdrucksweise des Geschlechtslebens in der Konkurrenzgesellschaft geworden, mit dem Ergebnis von 'allgemeiner Ohnmacht' der sich gegenseitig in den Rücken fallenden Aufsteiger.

Mit der Wiederverdrängung der Frauen aus lukrativen Jobs, kaum dass sie sich diese zu erobern begannen, zum einen im Osten Europas aufgrund der 'Gesundschrumpfung' (d. h. Rationalisierung **ohne** 'Arbeitszeitverkürzung bei vollem Lohnausgleich') und zum anderen im Westen aufgrund stärkeren Konkurrenzdrucks innerhalb der Wirtschaft wegen veränderter Prioritäten, die die westlichen Staaten zwecks Erschließung neuer Märkte im Osten und dem 'Zusammenrücken' der Eliten in Europa für die Konkurrenzfähigkeit auf dem Weltmarkt setzen, wird auch Sexualität von Frauen abermals verstärkt unter wirtschaftlichen Druck gebracht. Anders ausgedrückt, Frauen geraten in neue Abhängigkeiten von Männern, damit einhergehend die Differenzierung von Menschen durch die Neuzuweisung kleinbürgerlicher Geschlechterrollen.

Eine Kanzlerin als Feigenblatt an der Spitze des deutschen Staates kann nicht darüber hinwegtäuschen, dass heute anno 2013 fast die Hälfte der erwerbstätigen Frauen in Deutschland, obwohl bestens ausgebildet, nur noch einen Halbtagsjob finden kann. Altersarmut von Frauen ist vorprogrammiert. Schon anno 1992 berichtete eine Frauenzeitschrift über die Auswirkung des ansteigenden Konkurrenzdrucks auf Frauen, die darin besteht, dass Frauen sich gezwungen sehen ihre Gefühlswelt zu unterdrücken.[2] Das Gefühl, die ursprüngliche Domäne der Frauen und auch ihre Stärke, ist aber das Bindeglied zu uns selbst. Mit dem Verlust des Gefühls, verlieren wir uns selbst und damit den Sinn für Realität überhaupt.

Frauen müssen damit bewusst umgehen, damit sie Einfluss auf neue Entwicklungen nehmen können. Außerdem gilt es unsere Jugend davor zu schützen, demoralisiert ein Leben in Tristesse oder Schlimmerem – Suizid, Drogen, Gewalt gegen Schwächere usw. zu erwarten. Die letzte Rettung scheint dann nur noch in 'rechten' oder 'linken' Heilslehren, religiösen Fanatismen oder individuell in der 'Therapie' zu liegen. Das Wort 'Therapie' ist jedoch irreführend, weil es Problemlösung und Heilung ein für alle mal suggeriert. Es gibt aber keine dauerhafte Heilung, ebenso wenig wie es dauerhafte Problemlösungen gibt. Entsprechend braucht nicht jede Frau eine Therapie. Alles veränderte sich ständig und neue Probleme müssen neu gelöst werden. Während der Leser / die Leserin diese Zeilen liest, haben die Glücksfresser sich

---

2   Vgl. 'Freundin', 7/92

bereits eine neue Strategie überlegt, wie sie weiter teilen und herrschen können. Den Glücksfressern geht es nur ums Geld. Die Menschen sind ihnen völlig egal. Deshalb muss jetzt jeder selbst sehen wie er sich ermächtigen kann.

Selbstliebe, Körperbewusstsein und Meditation

Stattdessen brauchen wir alternative Erkenntnismittel, um unsere alltäglichen Beziehungen (damit sind nicht nur unsere Liebesbeziehungen gemeint!) in den Griff zu bekommen und unsere Lebensenergie in eigener Regie lenken zu können. Es gilt dagegen zu halten, indem wir ein Körperbewusstsein entwickeln bzw. Wahrheit und Bewusstsein über unsere Gefühle herstellen, das uns davor bewahrt, von anderen benutzt zu werden für Zwecke, die außerhalb unserer Überschaubarkeit liegen.

Bislang kennen wir einerseits die Unfähigkeit, den Körper zu spüren (Gefühle hochkommen zu lassen), andererseits stehen wir in Gefahr, in Gefühlen zu versinken, von ihnen überflutet zu werden. Beide Möglichkeiten sind mit der Unfähigkeit verbunden, Gefühle auszuhalten und zu nutzen, als Ratgeber zu nutzen für ein Handeln im Gleichgewicht, in Harmonie mit der Umwelt und damit für ein Handeln zur eigenen Gesundheit. Wie schaffen wir diesen Balanceakt? Wo finden wir Antworten?

Mit dem Einzug der wirtschaftlich-technischen Rationalität auch in die Geisteswissenschaften wird Wissenschaft nunmehr statt im Erkenntnis- im Lenkungsinteresse betrieben. Eine so sich selbst entfremdete Geisteswissenschaft hinterlässt eine sich ebenso wenig begreifende Gesellschaft, deren Verständnislosigkeit dem Nächsten gegenüber oft genug Hass und Fanatismen schürt. Auf dem Gebiet der gesellschaftskonstituierenden Moral und Ethik lässt sie dem Einzelnen allgemein nur die Wahl zwischen Promiskuität oder einer auf Ausschließlichkeit pochenden egoistischen Liebe in der 'Ehe als wirtschaftlicher Institution'. Eine Moral entsteht, die auf die Natur des Menschen nicht passt, denn beides ist, wie sich herausgestellt hat, krankmachend (z.B. sind Aids und/oder Neurosen die Folge). Beides ist nur die Kehrseite ein und derselben Medaille, deren geistige Grundlage via Bewusstseinsindustrien, also durch die tägliche Konfrontation mit dem im fremden Interesse geänderten Abbild der Realität aufrechterhalten wird. Deshalb besteht auch **zuallererst** einmal die Notwendigkeit, zusätzlich zum Wirklichkeitsbegriff der wirtschaftlich-technischen Rationalität einen **anderen Zugang zur Realität** zu schaffen, einen Zugang via Gefühl und Stimmung, damit verbunden via Erinnern der persönlichen Erfahrungen, und da Kunst Gefühle erschließt, via Kunst, Musik und Tanz ... Ein seit Generationen unbefriedigtes Bedürfnis unserer Kultur will gestillt werden, das *Bedürfnis nach* musischer Bildung, nach *dem Bewusstsein der Einheit von Körper und Geist.* „Im Zuge der männlich bestimmten Neuzeit wird Bildung über Sprache vermittelt. Es muss erst wieder neu erfahren werden, dass rhythmische Bewegung und vor allem tänzerische Erfahrung Bildung von Körper und Geist vermitteln kann."[3]

Sofern es Frauen betrifft, denen der Raum in der Gesellschaft zunehmend beschnitten wird, ist eine frauenspezifische Methode vonnöten, um sich selbst zu helfen und Einfluss zu nehmen. Liebe ist ein Kind der Freiheit. Sobald ein Partner vom anderen abhängig wird,

---

3 Hegers, 1986, S. 28

ist es auch mit der Liebe vorbei. Entsprechend dem Grad allgemeiner Unterdrückung der Individuen in unserer Gesellschaft tendiert deshalb die Wertschätzung von Frauen ebenfalls gegen Null; man beachte z.B. die Geringschätzung und Verachtung von Frauen, die in der Doppeldeutigkeit dieser auf Männer abzielenden Zigarettenwerbung (gesehen anno 1992 in Berlin an einer Reklametafel) liegt: 'Hast Du heute schon eine aufgerissen'. Da sich der Hersteller der Zigarettenmarke mit seiner Werbung einen hohen Marktanteil verspricht, sonst würde er sie so nicht führen, setzt er Liebe in Beziehungen zwischen den Geschlechtern mit seiner Frauen verachtenden Werbung als kaum noch vorhanden voraus, da Liebe geradezu auf gegenseitiger Achtung basiert.

Frauen definieren ihren Lebensinhalt aber viel stärker als Männer über Wertschätzung und Liebe. Im 'Fett-Sein' von Frauen drückt sich dann auch geradezu klassisch der Protest eines Unterbewussten aus, das sich deutlich sichtbar den Raum nimmt, den man ihm verweigert. Auf der anderen Seite gibt es aber auch immer mehr magersüchtige Frauen und unglücklicherweise werden diese immer jünger. Man hat den Eindruck Frauen wollen aus der Welt verschwinden. Spätestens seit anno 2006, mit der unseligen und die Protagonisten herabwürdigenden TV-Sendung Heidi Klums, und der gleichzeitig sich explosionsartig ausbreitenden sexistischen Werbeplakate an allen Straßenecken und -enden einhergehend, glauben junge Mädchen und Frauen, ihr Glück hinge davon ab, dass sie einem von außen aufgesetzten Schönheitsideal genügen, das merkwürdigerweise darin besteht, immer dünner zu werden. Ganz allgemein zeichnet sich der Charakter von Süchtigen, nicht nur von Ess- und Magersüchtigen, aufgrund der erfahrenen Gering-schätzung ihrer Person, durch mangelndes Selbst-wertgefühl aus.

Persönlichkeit entwickeln heißt daher für uns **als nächstes** Raum behaupten, wachsen, **'Selbst' behaupten**, Selbst-liebe, Selbstwert und vor allem Selbstbewusstsein entwickeln.

Jemand, der sich selbst behaupten muss, hat es aber immer mit Widerstand zu tun, muss mit Konflikten leben, also gilt es **als drittes** eine Methode zu finden, **aus Konflikten unbeschädigt** hervorzugehen. Es muss eine Methode sein, die dann wirkt, wenn es um die Existenz geht, die gegen den existenziellen Widerspruch wappnet, genauer: gegen solche Konkurrenz weiterhilft, deren Existenz zu Stress im Unterbewusstsein führt. Gegen einen solchen Stress, wenn einem gleichsam der Boden unter den Füßen weggezogen wird, hilft auch kein Fitness mehr. Schamanen raten in derartigen Fällen, sich nicht beeindrucken zu lassen.

'Sich nicht beeindrucken lassen' kann hier aber nur der bzw. die, die ihre Lebensenergie selbst kontrolliert, aus der Krankheit im übertragenen Sinne sozusagen eine Waffe macht. Dazu muss er / sie in der Lage sein, seine / ihre Gefühle in eigener Regie zu nutzen. Genau das ist es auch, was Frauen im Orientalischen Tanz finden – eine Methode frauenspezifischer Körperkontrolle[4] und, durch die Erfahrung von Ekstase im Tanz, eine Quelle zur

---

4   Männern empfehle ich Yoga, Qi Gong und Tai Chi zur Körperkontrolle

Erneuerung der Lebenskraft. Es geht um die Macht über den eigenen Körper, am eigenen Körper. Es gilt, negative äußere Einflüsse, die sich in der Gefühlsstruktur des eigenen Körpers manifestieren, so rechtzeitig zu neutralisieren, das sie uns nicht krank und unglücklich machen. Es gilt, das 'Gegängelt-werden-können' anhand unbefriedigter Bedürfnisse zu stoppen, indem wir unseren Körper autonom kontrollieren, weil wir im Tanz über den alltäglichen Druck hinausgehen. Damit der Orientalische Tanz zu einer solchen Quelle werden kann, hat es sich als fruchtbar erwiesen, ihn mit **Meditation** zu kombinieren.

Meditation hilft uns dabei, unseren Geist nicht von anderen bestimmen zu lassen, weil sie unsere Gefühlswelt ins Bewusstsein hebt und da Körper und Geist eine Einheit sind, ergänzen sich Tanz und Meditation wunderbar bei der Schaffung von Selbstwert, Selbstbewusstsein und Charisma – bei der Persönlichkeitsentwicklung.

Desorientierung

Unlängst anno 2012 las ich in einem Artikel zum Orientalischen Tanz, dass Frauen ihre eigene Weiblichkeit ablehnen: *„Die zunehmende Emanzipation der Frau in allen Bereichen, in erster Linie innerhalb des Arbeitslebens, führte zu einer zunehmenden optischen Transformation des Körpers der Frau und einer Abschaffung der „allzu weiblichen" Attribute. Aber auch zu einer Veränderung ihrer Selbstwahrnehmung, somit also zu einer Ablehnung der eigenen natürlichen Weiblichkeit."(Viviana Marrone)*

Die Autorin macht für die Ablehnung der eigenen Weiblichkeit fälschlicherweise die zunehmende Emanzipation der Frau im Arbeitsleben verantwortlich, also die Tatsache, dass Frauen heutzutage 'ihren Mann stehen' müssen.

Sie vergisst dabei leider, dass heutzutage auch Männer zunehmend 'ihre Frau stehen' müssen. Die Geschlechter gleichen sich an. Unisex-Mode und Gender-Main-streaming sind Ausdruck der zunehmenden Angleichung der Geschlechter in der Postmoderne. Dennoch ist die Ursache für diese Androgynität gewiss nicht die Emanzipation der Frau, denn beide Geschlechter sind zum Roboter geworden. Männlichkeit und Weiblichkeit verwischen sich im Auge des Betrachters aufgrund der Technisierung der Arbeitskräfte, nicht aufgrund der Emanzipation der Frau. In einer postmodernen Gesellschaft, wenn in ihr das neoliberale 'the winner takes all' – Prinzip herrscht, und die daher die Protagonisten zum Rennen nach Erfolg und Macht (kleinbürgerliche Werte!) als alleinigem Lebensziel antreibt, haben 'Männlichkeit' und 'Weiblichkeit'[5] keine Chance. Dennoch kann es nicht erstrebenswert sein, zurück in die 50er Jahre, mit ihrer Doppelmoral und ebenfalls dem Vorherrschen kleinbürgerlicher Werte, zu wollen, bloß weil damals noch ein anderes Frauenbild herrschte, das die 'Weiblichkeit' (man denke nur an Kurvenstars wie Marilyn Monroe etc.) stärker betonte.

Die kleinbürgerlichen Werte der Moderne, als Frauen noch

5 Man bedenke nur die immer weiter um sich greifende Tendenz hin zum 'Kaiserschnitt' in der Geburtshilfe als Zeichen für die Entfremdung vom eigenen weiblichen Körper

hauptsächlich als Waren angesehen wurden, als Besitz eines Mannes auf die Familie reduziert wurden, und als Erfolg und Machtstreben allein den Männern vorbehalten war, sind anachronistisch. Diese Variante wird heute in der Regel von eingewanderten muslimischen Migranten gelebt und der daraus resultierende Konflikt ist ein Konflikt zwischen Moderne und Postmoderne.

Wir leben in einem historischen Umbruch.

Die Machtmanager oder auch 'Funktionseliten' (Krysmanski) wie Wissenschaftler, Politiker, Medienmacher etc. haben aber weiter nichts zu tun, als Verwirrung zu stiften, damit sich keiner mehr auskennt. Man denke nur an Wulffs Aussage: 'Der Islam gehört zu Deutschland' oder Sarrazins These: 'Intelligenz ist erblich'. Der Islam gehört aber ebenso wenig zu Deutschland wie Intelligenz erblich ist.

Gibt es Verwirrung, können die Menschen um so leichter in einem 'Kulturkampf' oder gar 'Religionskrieg' gegeneinander im Interesse der Herrschenden ausgespielt werden.

Deshalb gilt, die Problemlösung von heute heißt: befreie deinen Geist - einerseits von dem Zeitgeist der wirtschaftlich-technischen Rationalität verknüpft mit kleinbürgerlichen Werten und andererseits vom geistigen Käfig der Religion (verknüpft mit Autoritätshörigkeit **und** kleinbürgerlichen Werten!). Wie macht man das? Indem man sich auf seinen Körper besinnt und lernt, wie man seine Gefühle bewusst selbst steuert, und außerdem den Bewusstseinsindustrien und „Autoritäten" ihre angemaßte Deutungshoheit in Bezug auf die eigene Person abspricht. Dann haben auch die Geschlechter wieder eine Chance entsprechend ihrer Männlichkeit und Weiblichkeit zusammen zu finden.

Stärkung der inneren Kraft

Entwickle zuerst ein Gefühlsbewusstsein und lerne auftauchende Gefühle der Frustration (Trennung von dir selbst) mittels deines eigenen Geistes in Entspannung zu verwandeln, indem du dein innerkörperliches Gleichgewicht suchst.

Das ist natürlich leichter gesagt als getan. Ob man es nun mit von außen aufgezwungenen Schönheitsvorstellungen oder z. B. mit einer Religion zu tun hat, die einem das Selbstbestimmungsrecht verweigert, beide Arten von Fremdbestimmung gilt es abzuweisen.

Das setzt voraus, dass man die eigene Bequemlichkeit überwindet, die Verantwortung für sich selbst zu übernehmen bereit ist und emotionalen Abhängigkeiten den Kampf ansagt. Dadurch wird man für andere weniger verfügbar, was durchaus zu einem Konflikt mit diesen führen kann. Demnach muss man zunehmend bereit sein, sich mit sich selbst und seinen Beziehungen in Familie und Gesellschaft auseinander zu setzen und wird dabei viel über andere und sich selbst erfahren.

Darüber hinaus ist das ein lebenslanger Prozess der eigenen Entwicklung, der aber mit der Zeit immer leichter wird. Frage dich heute immer: Was will ich selbst? Und: Wie bringe ich das in Einklang mit den Anforderungen der anderen, **ohne** mich dabei selbst außer Acht zu lassen? Dann stehe zu dir und handle entsprechend.

Notfalls trenne dich von Menschen, die dir nicht wohlgesonnen sind, selbst wenn das die eigene Familie betrifft. - Unmöglich?

Es ist dein Leben. Warum solltest du es auf dem Altar von wem auch immer opfern? Entscheide selbst wen du dir als Verbündeten aussuchst.

Befreien wir Frauen uns vom Schleier der jeweils herrschenden Kultur und erobern uns unsere angeblich unantastbare Würde[6] zurück, indem wir menschliche Werte wie z.B. gegenseitige Hilfe und Verständnis an oberste Stelle setzen. Kehren wir zurück an den Anfang und lernen wir wieder von der alten Kultur, in der im Sinnbild der Muttergöttin die Natur selbst verehrt wurde.

---

6   Art. 1 Abs. 1 Grundgesetz

Das bringt uns näher an unsere eigene Natur, unser eigenes Herz und verbindet uns mit unserer verlorenen Energie. Erforschen wir erlittene Verletzungen und stellen wir uns unseren inneren Dämonen. Denn nur, falls wir unsere Grenzen überschreiten können und unsere inneren Dämonen besiegen, haben wir die Chance glücklich zu sein, weil uns dann unsere Dämonen dienen. Suchen wir uns dabei auf allen Ebenen Verbündete. Auf der körperlichen Ebene helfen z.B. Yoga, Qi Gong, Tai Chi, Bauchtanz und Meditation bei der Stärkung der inneren Kraft. Auf der spirituellen Ebene helfen Lichtwesen[7] beim Grenzen überschreiten, weil sie, im Einklang mit der Kraft die ausgleicht, mangelnde innere Kraft angesichts von Gegnern ersetzen und uns auf diese Weise wieder mit dem Leben verbinden.

Die einzige Möglichkeit, die Glücksfresser zu besiegen besteht darin, sich von seinen Abhängigkeiten und Illusionen zu befreien und sich selbst zu ermächtigen: Besinne dich auf dich selbst. Erinnere dich an deine

---

7   Zum Beispiel: Engel, die 8 Unsterblichen (Taoismus), die 22 Archetypen (Buch Thot), Christus u. a.

persönliche Geschichte.

Das Gleichgewicht des Lebens besteht in der Ausgewogenheit von Geben **und** Nehmen. Jede Einseitigkeit führt zur Zerstörung. Deshalb: Finde deine Mitte. Suche auf dem entgegengesetzten Weg das Gegenmittel. Viel Glück.

Das Feng Shui der Kristalle

Seit jeher steht die Suche nach Glück im Mittelpunkt der frühen Hochkulturen und von asiatischen Weltanschauungen.

Im Taoismus geht man davon aus, dass es Kräfte sind, die die Welt gestalten und deren Schwingungen in Harmonie gebracht werden können, um Glück anzuziehen. Daraus entwickelte sich die Lehre des **Feng Shui**, die die Raum- / Zeitdimension beim Umgang mit den Kräften, die die Welt gestalten berücksichtigt. Himmelsrichtungen und zeitliche Abläufe werden beim Einrichten menschlicher Behausungen, in der Architektur und Gartengestaltung berücksichtigt, um für Harmonie und Wohlbefinden der Menschen zu sorgen.

Das Befinden der Menschen in Relation zum Zustand des Ortes, an dem sie leben und arbeiten gibt Aufschluss über ihr Schicksal und gleichzeitig Hinweise auf die Lösung des jeweiligen Problems.

Daraus resultiert ein aktiver Part der Menschen bei der Gestaltung ihres Schicksals. Dieser mündet beim Feng

Shui in 8 Aufgaben der Selbstschöpfung bzw. Aufgaben der Vergeistigung oder Regeneration entsprechend den 8 Himmelsrichtungen der Erde.

Ohne hier auf die Lehre des Feng Shui ausführlich einzugehen, will ich für sensitive Menschen weitere Hilfsmittel zum Lösen der 8 Aufgaben vorstellen. Da Mutter Erde uns im Bereich des Feinstofflichen beim Umgang mit den die Welt gestaltenden Kräften die ganze Natur zur Verfügung stellt, haben wir die Möglichkeit uns aus einer großen Anzahl von Hilfsmitteln zu bedienen.

Bewährt haben sich Edelsteine und Halbedelsteine, deren Schwingungen im Feinstofflichen wirken und uns bei unseren Aufgaben helfen können, indem sie unsere eigene psychische Kraft verstärken.

Feng Shui nennt z. B. den **Nordwesten**, der Hilfreiche Menschen, Freunde, Mentoren symbolisiert. Sollte sich im NW unserer Wohnung eine Toilette, Küche, Abstellraum, ein Fehl- oder Zusatzbereich befinden, haben wir ein Problem, denn der NW fügt sich nicht harmonisch in den Grundriss unseres Zuhauses ein und/oder steht uns nur eingeschränkt zur Verfügung. In diesem Fall fehlen Freunde, Mentoren, wohlwollende Vorgesetzte. Vielleicht war sogar der Vater nicht vorhanden oder wirkte nicht unterstützend bei der Erziehung. Daraus dürfte sich eine schwierige psychische Situation ergeben haben und wir stehen nun wohlmöglich vor der Aufgabe, Ängste und Depressionen zu besiegen. Neben Feng Shui Maßnahmen für die Wohnung gibt es auch hilfreiche Kristalle für die Bewältigung dieser Aufgabe. Ich empfehle:

Bergkristall, Katzenauge, Tigereisen, Bernstein

Bergkristall heilt uns, indem er göttliches Licht in unsere Seele und Aura transportiert.

Katzenauge schenkt Wärme und Geborgenheit.

Tigereisen wirkt gegen Erschöpfung und bringt neue Energie.

Bernstein fördert die Begegnung mit Menschen, die uns weiter bringen.

Der **Norden** symbolisiert Karriere. Sollte sich im N unserer Wohnung eine Toilette, Küche, Abstellraum, ein

Fehl- oder Zusatzbereich befinden, haben wir ein Problem, denn der N fügt sich nicht harmonisch in den Grundriss unseres Zuhauses ein und/oder steht uns nur eingeschränkt zur Verfügung. Dann fehlt es am geraden Weg auf der Karriereleiter nach oben, weil man auf Hindernisse beim beruflichen Vorwärtskommen stößt. Vielleicht findet man immer nur Halbtagsjobs oder gering bezahlte Jobs oder man wird gemobbt und dergleichen mehr. Auf die Dauer fühlt man sich dann 'klein' und den Anforderungen des Lebens nicht gewachsen. Man glaubt, man ist selbst schuld, weil man sich nicht genug anstrengt. Daraus ergibt sich die Aufgabe, sich nicht als Sündenbock missbrauchen zu lassen.

Hilfreiche Kristalle für die Bewältigung dieser Aufgabe sind nach meiner Erfahrung:

Chrysopras, Obsidian, Epidot

Chrysopras stärkt die Nerven und hilft bei Minderwertigkeistgefühlen, denn er macht zuversichtlich und schenkt uns Freude (Freude treibt die Räder! Goethe). Dadurch hilft er bei der Jobsuche, indem er uns gegen

Mutlosigkeit wappnet und uns hilft, nicht aufzugeben.

Obsidian wirkt gegen negative Energie von anderen Menschen, z.B. Neidern, Intriganten, Betrügern, Dieben, Konkurrenten, mobbende Kollegen etc.

Epidot stärkt die Nerven und hilft gegen Stress.

Der **Nordosten** symbolisiert Bildung / Selbstbildung. Sollte sich im NO unserer Wohnung eine Toilette, Küche, Abstellraum, ein Fehl- oder Zusatzbereich befinden, haben wir ein Problem, denn der NO fügt sich nicht harmonisch in den Grundriss unseres Zuhauses ein und/oder steht uns nur eingeschränkt zur Verfügung. Dann gibt es wohlmöglich ein Zuviel oder Zuwenig an Zuwendung und Aufmerksamkeit der Umwelt und als Ergebnis fehlt es uns am Bewusstsein von uns selbst. Man muss eine Rolle spielen und wird als Mensch gar nicht richtig wahrgenommen. Man erwartet, dass wir wollen, was wir wollen sollen. Daraus ergibt sich die Aufgabe, sich selbst annehmen zu können wie man ist, die eigene Mitte zu finden.

Hilfreiche Steine für die Bewältigung dieser Aufgabe sind:

Turmalin, Amethyst

Alle Turmaline erden bzw. zentrieren. Sie wirken wie ein Jungbrunnen und verleihen Optimismus. Schwarzer Turmalin soll darüber hinaus auch gegen Elektrosmog wirken.

Amethyst hilft bei der Selbstfindung, der Bewusstseins- erweiterung und Persönlichkeitsentwicklung.

Der **Osten** symbolisiert Gesundheit / Familie. Sollte sich im O unserer Wohnung eine Toilette, Küche, Abstellraum, ein Fehl- oder Zusatzbereich befinden, haben wir ein Problem, denn der O fügt sich nicht harmonisch in den Grundriss unseres Zuhauses ein und / oder steht uns nur eingeschränkt zur Verfügung. Dann fehlt es uns wahrscheinlich an Unabhängigkeit, Klarheit, Sorglosig- keit, Gesundheit und Wohlbefinden. Die Gedanken kreisen möglicherweise immer um ein und dasselbe Familiendrama. Verzweiflung macht sich breit. Man sieht keinen Ausweg mehr. Daraus ergibt sich die Aufgabe, 'Erinnerungsdämonen' zu besiegen und sich von

Abhängigkeiten und Illusionen zu befreien.

Hilfreiche Steine für die Bewältigung dieser Aufgabe sind:

Tigerauge, Labradorit, Fluorit, Onyx, Jaspis, Hämatit

Tigerauge schützt vor Überanstrengung und bringt Klarheit in verfahrene Situationen.

Labradorit integriert Traumata und heilt alte Wunden.

Fluorit verbessert den Zugang zum Unterbewusstsein.

Onyx verbessert die Selbstwahrnehmung und die Traumwahrnehmung.

Jaspis stärkt Mut und Durchsetzungskraft.

Hämatit stärkt das Immunsystem, erdet und hilft beim Kontrolle loslassen.

Der **Südosten** symbolisiert Reichtum. Sollte sich im SO unserer Wohnung eine Toilette, Küche, Abstellraum, ein Fehl- oder Zusatzbereich befinden, haben wir in Bezug auf Reichtum ein Problem. Reichtum beinhaltet die gesamte Lebensqualität: Wohlstand, Komfort, befriedigende Beziehungen. Wenn der SO sich nicht harmonisch in den Grundriss unseres Zuhauses einfügt und / oder uns nur eingeschränkt zur Verfügung steht, dann fehlt es uns hauptsächlich an befriedigender Kommunikation. Wir geben uns wohlmöglich nach außen hin anders, als wir in Wirklichkeit sind, denken und fühlen. Dadurch entsteht eine gestörte Kommunikation. Unser Gegenüber fühlt die Ungereimtheit und ringt mit dem Widerspruch, dadurch wird Energie vergeudet. Es kommt zu keinem gegenseitigen Energieaustausch. Reichtum beruht auf dem freien Fluss der Energien aller Beteiligten (sogenannte win/win-Situation). Entsprechend ergibt sich daraus für uns die Aufgabe, authentisch zu werden.

Hilfreiche Steine für die Bewältigung dieser Aufgabe sind:

Goldtopas, Pyrit, Jadeit, Gagat/Jet

Goldtopas gibt Selbstsicherheit, dadurch trauen wir uns unsere Maske abzulegen. Durch Selbstvertrauen und innere Stärke zieht man Reichtum, Wohlbefinden und Liebe an.

Pyrit gilt als Wunschstein. Er verbindet uns mit der geistigen Ebene, also damit, was wir uns wirklich wünschen und hilft auf diese Weise bei der Schaffung materieller Fülle.

Jadeit zieht Glück in finanziellen Dingen an.

Gagat/Jet hilft über den eigenen Schatten zu springen, Verlust zu überwinden, bewirkt Disziplin und Verantwortung und hilft somit Schulden abzubauen.

Der **Süden** symbolisiert Ruhm und Anerkennung. Sollte sich im S unserer Wohnung eine Toilette, Küche, Abstellraum, ein Fehl- oder Zusatzbereich befinden, haben wir ein Problem, denn der S fügt sich nicht harmonisch in den Grundriss unseres Zuhauses ein und/oder steht uns nur eingeschränkt zur Verfügung. Dann fehlt es uns ganz sicher an Wertschätzung und Anerkennung unserer Person und Leistung. Daraus folgt wir müssen aufhören, unser 'Licht unter den Scheffel' zu stellen, damit man uns bemerkt. Wie macht man das? Hören wir damit auf, Anerkennung hauptsächlich über Anpassung erhalten zu wollen, dann weisen wir auch Fremdbestimmungen ab, die uns einzwängen und frustrieren. Dazu müssen wir uns erst einmal auf uns selbst besinnen und herausfinden wofür wir uns begeistern können.

Hilfreiche Steine für die Bewältigung dieser Aufgabe sind:
Rubin, Citrin, Karneol

Rubin fördert Selbstliebe und Kreativität.

Citrin wirkt wie eine Sonne, dadurch stärkt er unsere Ausstrahlung und Charisma.

Karneol gibt neue Energie und Vitalität.

Der **Südwesten** symbolisiert Liebe und Beziehungen. Sollte sich im SW unserer Wohnung eine Toilette, Küche, Abstellraum, ein Fehl- oder Zusatzbereich befinden, haben wir ein Problem, denn der SW fügt sich nicht harmonisch in den Grundriss unseres Zuhauses ein und/oder steht uns nur eingeschränkt zur Verfügung. Dann fehlt es uns vermutlich an Seelenfrieden, weil wir in einer schwierigen Beziehung leben oder ungewollt Single sind. Daraus folgt, wir müssen Ordnung ins Chaos unserer Gefühle bringen. Wie machen wir das? Wir sollten damit anfangen unsere Träume zu notieren, um unsere/n Traumpartner/in zuerst einmal im Traum zu finden. Man erkennt den/die Traumpartner/in daran, dass er/sie uns unseren

Seelenfrieden zurück bringt.

Hilfreiche Steine für die Bewältigung dieser Aufgabe sind:

Mondstein, Rosenquarz, Jade

Mondstein vermittelt den Zugang zur Gefühlswelt.

Rosenquarz verstömt Frieden, verhilft zu Gelassenheit und Ruhe.

Jade ist ein Glücksbringer in jeder Hinsicht und ein Heilstein.

Der **Westen** symbolisiert Kinder. Sollte sich im W unserer Wohnung eine Toilette, Küche, Abstellraum, ein Fehl- oder Zusatzbereich befinden, haben wir ein Problem, denn der W fügt sich nicht harmonisch in den Grundriss unseres Zuhauses ein und/oder steht uns nur eingeschränkt zur Verfügung. Dann fehlt es uns vermutlich an Leichtigkeit, Spiel und Spaß im Leben. Lasten drücken uns auf den Schultern. Alles ist so ernst und schwer. Man mutet uns die ganze Bürde allein zu. Daraus folgt, wir müssen lernen unberechtigte Zumutungen zu erkennen, loszulassen und zu entspannen. Wie machen wir das? Dabei hilft uns unser

Körper. Benutzen wir ihn als Spiegel unserer Lebens-umstände. Er gibt uns unbegrenzte Macht, wenn wir es verstehen, ihn uns dienstbar zu machen. Meditation hilft dabei, im Körper zu lesen wie in einem Buch, damit wir die hinter den Dingen stehenden Absichten erkennen und uns darauf einstellen können.

Hilfreiche Steine für die Bewältigung dieser Aufgabe sind:
Türkis, Aventurin, blauer Chalzedon

Türkis schützt die Seele, indem er vor Ungerechtigkeiten wie z.B. Zumutungen, unberechtigte Angriffe und Kritik bewahrt.

Aventurin ist der Gleichgewichtsstein schlechthin (Yin / Yang). Er verhilft uns die Ausgewogenheit von Geben und Nehmen zu berücksichtigen.

Blauer Chalzedon gilt als Glücksbringer, er stabilisiert die Aura.

Wenn du dich bei irgendeinem hier gezeigten Problem wiedererkennst und dir die entsprechenden Steine be-sorgst, dann benutze sie z. B. als Anhänger, trage sie in der

Hosentasche, lege sie unter das Kopfkissen etc.. Reinige sie regelmäßig unter fließendem lauwarmen Wasser und lade sie vor der nächsten Benutzung in einer Bergkristallgruppe wieder auf. Gehe bei der Auswahl der Steine intuitiv vor. Vielleicht findest du für dich auch andere Steine, die dir weiterhelfen. Vertraue dir selbst. Der Stein, der dir ins Auge springt oder dich magisch anzieht, ist immer der richtige.

Am Wirkungsvollsten sind die Steine, wenn man sie auf der Haut spürt. Nimm dir einen Stein in die Hand, der dich anspricht, ziehe dich zurück und meditiere mit ihm. Je nach dem, welchen Stein du benutzt, spürst du seine Schwingungen als Kribbeln, Prickeln, Taubheit, Wärme oder wie einen Strom, der dich durchfließt. Konzentriere dich in diesem Fall auf das Gefühl und du wirst merken, wie es sich in deinem Körper und in deine Aura ausbreitet und dir wohltut. Der Stein füllt mit seinen Schwingungen deine 'leeren Batterien' wieder auf und wirkt dadurch therapeutisch. Wir können uns in vielen Fällen selbst therapieren. Mutter Erde hilft uns dabei.

Das einzige was uns glücklich macht, ist das was wir

wirklich wollen. Wenn wir das erkennen, was wir wirklich wollen, ändern wir unser Schicksal.

Um zu erkennen, was wir wirklich wollen, hilft es, mit dem **Feng Shui Steinkreis** zu meditieren.

Wir brauchen einen Kompass und alle oben genannten Kristalle. Auf einem Tisch richten wir die Steine im Kreis in der Feng Shui Reihenfolge genau nach den Himmelsrichtungen aus (siehe Abbildungen). Wir stellen einen Selenit in die Mitte und setzen uns mit geradem Rücken vor den Steinkreis. Wir umfassen den Selenit in der Mitte mit beiden Händen. Wir schließen die Augen und richten unsere Wahrnehmung nach innen. Wir fühlen uns ein. Sobald wir erkennen, was uns wirklich wichtig ist, weicht der Druck und wir entspannen uns.

Das Herz auf der Waage der Maat

Es können durch die Benutzung der Steine, abhängig vom Schicksal des Benutzers aber auch schmerzhafte Gefühle zum Vorschein kommen, die angenommen und verarbeitet werden müssen, bevor eine Erleichterung eintritt.

Ich will euch anschließend erzählen, welches Erlebnis ich durch das Tragen einer Amethysthalskette hatte.

Eines Tages begegnete mir durch Zufall die Göttin in einem Kaufhaus in Gestalt einer Verkäuferin, die mir eine Amethysthalskette günstig anbot. Der Amethyst hilft bei der Bewusstseinserweiterung. Abends war Vollmond. Ich trug meine neue Amethyst-Halskette tagsüber und legte sie abends auf meinen Nachttisch.

In dieser Vollmondnacht bekam ich gegen 1 Uhr plötzlich schmerzhaftes Herzrasen, das ca. halbstündig andauerte und nur mit Handauflegen, mehrmaliger Wiederholung meines Lieblingsmantras und letztlich dem Platzieren eines Amuletts unter das Kopfkissen soweit zu beruhigen war, dass ich einschlafen konnte. Ich reiste in die

Unterwelt und hatte einen luziden Traum von einer dunklen Gestalt, zu der ich etwas sage. Ich renne immer zur Gestalt hin, sage ihr etwas und renne wieder weg. Immer hin und her.

Ich wachte morgens gegen 6 Uhr auf und hatte immer noch Herzrasen, aber etwas abgemildert. Ich meditierte mit Rosenquarz und Bergkristall. Es ging einfach nicht weg. Ich nahm den 'Kalender der Göttin' zur Hand, um den Dämon zu besiegen, der das Herzrasen verursachte und fragte zwecks Erkenntnis der Traumbotschaft das Göttinnen-Orakel nach der Göttin. Es war PELE, die hawaiianische Vulkangöttin und ich zog dazu die Tarotkarte Nr. 5. Tarotkarte Nr. 5 weist auf die Vergangenheit und PELE weist auf in mir angestauten Frust und Druck.

Jetzt wurde mir die Traumbotschaft klar. Es war die Erkenntnis, dass der ganze Schmerz, der da nach oben wie Lava in mein Bewusstsein schoss, von der Illusion über die Liebe meines vor Jahren verstorbenen Vaters kam.

Ein 'Erinnerungsdämon' (Kharitidi), der das schwarze Loch / Ungleichgewicht 'Vater' in mir besetzt hielt, verursachte das Herzrasen, tat sich im Traum als dunkle Gestalt kund und konnte von mir mithilfe des Göttinnen-Orakels im 'Kalender der Göttin' entdeckt werden.

Entsprechend PELE's Rat nahm ich einen Epidot in die Hand, träufelte Lavendel aufs Kopfkissen und machte die empfohlene Umwandlungslichtmeditation.

Dann endlich, zusammen mit meinem olivgrünen synchronisierten Selbst und einem Vergebungsmantra für die Familiensituation und für mich selbst, verschwanden die Schmerzen im Brustraum, die Farbe wechselte von olivgrün nach dunkellila in der Erkenntnis: ich liebe meinen Vater und er liebt mich. Ich empfing in der Meditation das innere Bild, wie ich als kleines Mädchen in seine ausgebreiteten Arme auf ihn zu laufe.

Obiger Zufall der Begegnung mit Amethyst wurde für mich zum Anlass, meinem Schicksal eine neue Richtung zu geben, indem ich mich von einem 'Erinnerungsdämon' befreien konnte. Dadurch gab es ein unbefriedigtes Bedürfnis weniger, durch das mich die Glücksfresser gängeln können. Durch diese Vergeistigung konnte ich darüber hinaus meine Gesundheit stärken.

Für andere wäre dieselbe Situation möglicherweise anders ausgegangen. Es hängt von jedem selbst ab, wieweit er in der Lage ist, durch Vergeistigung widrige Umstände in den Griff zu bekommen.

Dennoch ist es unsere Lebensaufgabe an sich, uns aus dem Grobstofflichen immer weiter zum Feinstofflichen hin zu entwickeln, uns zu vervollkommnen. Das wussten bereits die alten Ägypter, die diesen Sachverhalt im Bild der Waage verdeutlichten. Auf der Waage wurde das Herz des Verstorbenen mit der Feder der Maat abgewogen, um herauszufinden wieweit dem jeweiligen Menschen, dem das Herz gehörte, während des Lebens die Vergeistigung gelungen war, damit er unsterblich, das heißt vergöttlicht werden konnte.

Eine derartige Ethik des Lebens hat der Durchschnitts-mensch von heute vollkommen vergessen. Die Glücks-fresser lassen ihn glauben Geld sei das einzig Erstrebenswerte im Leben. Das stimmt aber nicht!

Deshalb rate ich dir, wenn du nicht unglücklich werden willst, dann besinn dich, überwinde deine Bequemlichkeit und geh in dich.

Durch die Vergeistigung wird die Vereinigung mit sich selbst und dadurch mit dem göttlichen Funken wieder hergestellt.

Jeder Mensch hat den göttlichen Funken in sich. Nur leider ist er inzwischen bei den meisten Menschen dermaßen verschüttet, dass sie keinen Zugang zu ihm finden können. Das ist auch das Verschulden der monotheistischen Religionen, die das Paradies im Außen bzw. im Jenseits suchen (die Vertreibung aus dem Paradies!).

Das Paradies ist in dir! Im Außen oder im Jenseits brauchst du es nicht zu suchen. Und wenn du es in dir nicht finden kannst, dann musst du etwas unternehmen, um deinen emotionalen Ballast, die Verschüttungen, beiseite zu räumen und die Verkrustungen aufzubrechen, die dich vom Paradies, dem göttlichen Funken in dir und damit vom Glück trennen.

Fange einfach an, den Stein der Ermächtigung zu suchen und dich durch die Schulung von Körper und Geist zu regenerieren.

Indem du durch Bauchtanz, Yoga etc. und Meditation mit deinem Kristall, Körper und Geist verbindest, dich vergeistigst, wirst du deine unbefriedigten Bedürnisse nach und nach durch deine Wahrnehmung selbst stillen. Weil du dich selbst ermächtigst, wirst du den Glücksfressern die Macht über dich allmählich immer mehr entziehen. Erwarte das Glück sobald du dich selbst ermächtigt hast. Es wird magisch von dir angezogen.

Abbildungen: Ausgewählte Steine von A - Z

Feng Shui Steinkreis zur Verbindung von Körper und Geist für die persönliche Regeneration

Amethyst

Aventurin

Bergkristall

Bernstein

Chalzedon

Chrysopras

Citrin

Epidot

Fluorid

Gagat

Goldtopas

Hämatit

Jade

Jadeit

Jaspis

Karneol

Katzenauge

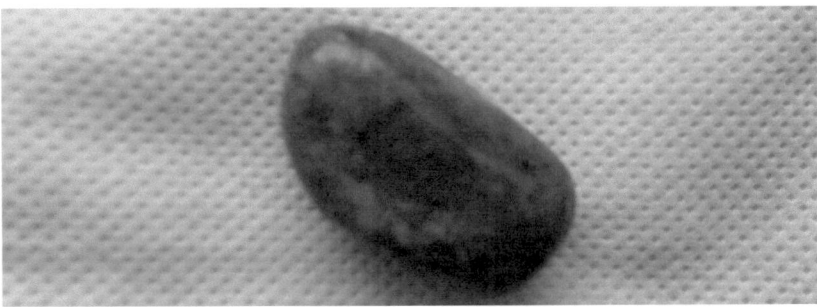

Labradorit

Mondstein

Obsidian

Onyx

Pyrit

Rosenquarz

Rubin

Tigerauge

Tigereisen

Türkis

Turmalin

Literatur:

Daniel Dufour, Das verlassene Kind

Eurobooks Cyprus Ltd., Heilen mit Steinen

Sergius Golowin, Die weisen Frauen

Ulrike Hegers, Frauen finden ihren Rhythmus

Dietlinde Karkutli, Das Bauchtanzbuch

Olga Kharitidi, Samarkand

Krysmanski, Hirten und Wölfe

Manfred Kyber, Einführung in das Gesamtgebiet des
    Okkultismus

Arno Plack, Die Gesellschaft und das Böse

Heinz-Peter Röhr, Wege aus der Abhängigkeit

Shakti Morgane, Orientalischer Tanz und Ekstase – der
    weibliche Weg zum magischen Feuer

Shakti Morgane, Tarot-Geister rufen

Shakti Morgane, Die Richtung der Kraft -
    Familienrepräsentation mit Tarot

Shakti Morgane, Kalender der Göttin

Doreen Virtue, Kristall-Therapie